আত্ম উপলব্ধি

সৌরীশ দত্ত

ISBN 979-888606031-7

সত্যি কথা বলতে এই বইটি লিখতে আমার নিজের কোন ক্রেডিট নেই। সমস্ত ক্রেডিট সেই শিক্ষা গুরুদের যারা আমাকে এই জ্ঞান দিয়েছেন। বইতে যেকোনো ভুলের দায়িত্ব আমার। গুরুর থেকে প্রাপ্ত শিক্ষা ক্রটিহীন ছিল, তবে আমার জড় বুদ্ধির দ্বারা সেটি দূষিত হয়ে যেতে পারে, তাই আগে থেকেই পাঠকদের থেকে ক্ষমা চাইছি।

বিষয়বস্তু

ভূমিকা

অনেক দিন ধরেই একটি আধ্যাত্মিক বই লেখার ইচ্ছা ছিল কারণ আমি ছোটবেলা থেকে নানান বই পড়ছিলাম এবার তাই নিজেরও কিছু লেখার ইচ্ছা হল। আধ্যাত্মিক বিষয়টাকে কততা ফুটিয়ে তুলতে পারলাম সেটা জানি না, অথবা হয়তো উপস্থাপন ঠিক করে হয়নি। আপনার মন্তব্য আপনি পাঠাতে পারেন - sourishlouis@gmail.com -এ ইমেইল হিসেবে।

স্বীকার

আমি ধন্নবাদ জানাতে চাই, Notion Press পাবলিকেশনকে। যাদের ছাড়া এই বই ছাপাও হত না। বিনামূল্যে আমার এই বইটি পাবলিশ করার জন্য অনেক অনেক ধন্যবাদ।

প্রস্তাবনা

ভারতবর্ষের আসল ঐতিহ্য হচ্ছে ভারতবর্ষের বেদ-শাস্ত্র। বিশ্বের সবথেকে প্রাচীন ধর্মপথ হিসেবে পরিচিত এই সংস্কৃতি কোটি কোটি মানুষদের জীবনের আসল লক্ষ্য সম্পর্কে জানিয়েছে। আজকের এই আধুনিক এবং যান্ত্রিক সভ্যতায় আধ্যাত্মিকতা বিশেষ ভাবে প্রয়োজন। নানান ব্যাক্তির মনে নানান ভুল ধারনা আছে। এই বইটিতে সেই ভুলভাল ধারনার কিছু অংশ তুলে উওর দেওয়ার চেষ্টা করা হয়েছে। আমি আসা করছি আপনাদের ভাল লাগবে।

১

প্রাথমিক প্রশ্ন

মনুষ্য জীবন এবং পশুদের জীবনের মধ্যে কোন পার্থক্য নেই। হ্যাঁ, শাস্ত্র মতে এটিই ঠিক। কেউ যদি এই জীবনে আত্ম উপলব্ধি করতে না পারে তাহলে তার এই জীবনের আসল অর্থ বুঝতে পারা হবে না। এখন আমাদের জানতে হবে যে এই আত্ম উপলব্ধি মানে কি? এবং এটি কি করে সম্ভব বা এটি কি করে করতে হয়? নানান প্রশ্ন ও কল্পনা আপনার মাথায় এখন আসতে পারে, তবে সেটিকে উত্তর দেওয়ার দায়িত্ব আমার। আগে শুরু করা যাক মানুষের এবং পশুদের জীবনের পার্থক্য দিয়ে। আপনি একটু ভাল করে লক্ষ্য করলে বুঝতে পারবেন যে পশু এবং মানুষের মধ্যে বেশি তফাৎ নেই কিন্তু। খাওয়া, ঘুমানো, বংশবিস্তার করা, নিজের জীবন রক্ষা করা, প্রধানত এই চারটি কাজ পশুরা করে থাকে। মানুষও এই চারটি করে তবে একটু জটিল ভাবে। যেমন – মানুষ খাওয়ার জন্য বড় বড় ডিগ্রি নিজের নামে করে, টাকা রোজগার করে, দিয়ে খায়। কিন্তু পশুদের তা নেই। তাহলে আমরা কি করছি? একটু উন্নত পশু জীবন কাটাচ্ছি।

আপনি কি জানেন পার্থক্য টা কোথায়? ভগবানকে ভালবাসায়ে এবং তাঁর সেবা করায়। এই একটি মাত্র কাজ আছে যেটি মানুষ এবং পশু কে আলাদা করে। এখন কার এই উন্নত প্রযুক্তির যুগে মানুষ নিজেদের মধ্যে দূরত্ব বাড়াচ্ছে এবং পরিবেশ-এর থেকে আরও দূর হয়ে যাচ্ছে। এখনও পর্যন্ত world peace শুধু একটা ধারণা হয়ে দাড়িয়ে আছে। আর এই ধারণা হয়ে থাকার মূল কারণ সমাজের উচ্চ পদে বসে থাকা লোকজনেদের। যারা নিজেরাই শান্তি, ধর্ম, ভালবাসা সম্পর্কে জানে না, তারা সমাজ নিয়ন্ত্রণ

কি করে করবে? এর থেকে ওপরে উঠে চিন্তা করলেও আরেক টি কারন হছে – এই সমাজের নেতারা তো নিজেরাই ইন্দ্রিয় সুখে নিম্মজিত। এনারা সমাজের বিষয় ভাবেনই না, তাই তার ভালও হয় না। শাস্ত্র মতে, কলিযুগে যা যা লেখা আছে, তা তা কিন্তু হতে দেখা দিচ্ছে। আপনি হয়ত বিশ্বাস করবেন না কিন্তু হাজার হাজার বছর আগে লেখা এই বইগুলোতে আগে থেকেই বর্ণনা ছিল যে আজ কি হবে। যেদিকে সমাজ এগোচ্ছে, তাতে এটি পরিস্কার যে মানুষের জীবন আস্তে আস্তে কমতে থাকবে (যা শাস্ত্রে অথবা ভাগবতে আগে থেকেই বর্ণনা ছিল)। এই মানুষের জীবন কিন্তু সত্যিই খুবই দামি এবং তার সৎ ব্যবহার করাই আমাদের কর্তব্য। বিষদ ভাবে জানতে আমি পাঠক দের অনুরধ করব তারা যেন অবশ্যই ভাগবত গীতা এবং শ্রীমদ ভাগবতম পরেন। এই বইটি আমি একটি প্রশ্ন এবং উত্তরের মধ্যে দিয়ে উপস্থাপন করেছি। আসা করছি আপনাদের ভাল লাগবে।

১। ধর্ম বলতে আসলে কি বোঝায়?

= Religion অর্থাৎ ধর্ম, ওয়েব সাইট -এ গিয়ে খুজলে এটিই উত্তর হয়ে আসে কিন্তু সত্য তা নয়। পুরো পৃথিবীতে প্রায় ৪৩০০ ধর্ম গোষ্ঠী আছে, তাহলে কি সত্যিই, ধর্ম বলতে এটিকে বঝায়? আসলে না। সনাতন ধর্ম অথবা হিন্দু ধর্মের সবচেয়ে গুরুত্ব পূর্ণ শাস্ত্রে যদি আমি খুজি তাহলে এটি বুঝতে পারব যে ধর্ম গোষ্ঠী অথবা কোন এক বিশেষ সম্প্রদায়ের বিষয় সেখানে লেখা নেই। ভগবান শ্রী কৃষ্ণ যখন অর্জুনকে কুরুক্ষেত্রে গীতা বলে ছিলেন তিনি কিন্তু কথাও হিন্দু অথবা কোন সম্প্রদায়ের বিষয় বলেননি। এবার বুঝুন ধর্ম আসলে কি? বোঝা খুবই সহজ। যেমন দুধের ধর্ম হচ্ছে তার সাদা রঙ, লঙ্কার ধর্ম ঝাল, জলের ধর্ম তরলতা, তেমনই মানুষের আসল ধর্ম হচ্ছে শ্রী হরির নাম নেওয়া, এবং তার সেবা করা। ভুলবশত মানুষ তার আসল কর্তব্য ভুলে গেছে এবং ভুল পথে চালিত হয়েছে।

২। আমি ভগবানে বিশ্বাস করি না। তাহলে কি আমি সুখি হব না?

= এখানে তো সুখ এবং দুঃখের কথা আসছে না তবে বলে দেওয়া ভাল শুয়োর কিন্তু নোংরা কাদার মধ্যে খেলা করে মহা আনন্দ লাভ করে, কিন্তু বুদ্ধি সম্পন্ন হয়ে আপনি কিন্তু তা করবেন না। তো সুখ নানান ধরনের হয়, এবার আপনার উপর যে আপনি সবথেকে ভাল শাশ্বত সুখের কাছে যাবেন নাকি কাদায়ে পরে থাকবেন। আর ভগবান কে বিশ্বাস করুন আর না করুন আপনার জীবন একই যাবে। আসল হচ্ছে তার চরন কমলে সেবা করা। জাগতিক শরীর এবং জাগতিক চোখ নিয়ে আপনি চিন্ময় কে কিভাবে

দেখবেন? তাই আপনি তাকে চেনেন না। আপনার বিশ্বাস আর অবিশ্বাসে ভগবানের অস্তিত্ব নির্ধারিত হয় না। আপনি তো নিজের এই চোখ দিয়ে নানান কিছু দেখতে পান না, তা বলে সেটির অস্তিত্ব নেই বলাটা বোকামি। ধরুন আপনি একটি বই পড়ছেন, অবশ্যই চোখ দিয়ে কিন্তু যদি আপনি নিজের মন টা অন্য কথাও দেন তাহলে আর পড়া হবে না। তো এই অপূর্ণ ইন্দ্রিয় দিয়ে ভগবানকে দেখা অসম্ভব ব্যাপার তবে তাঁর কৃপা হলে অবশ্যই দেখতে পাবেন।

৩। ভূত বলে কিছু হয় নাকি সব মিথ্যা?

= ছোট বেলা থেকে আধ্যাত্মিক বই পড়া সত্ত্বেও আমি ভূতে কখনই বিশ্বাস করতাম না এবং এখনও করি না। আসলে ভূত জিনিসটা আপনারা যেমন ভাবেন তেমন কিছু হয় না। আসলে সেটি হল আত্মা, যে আত্মা মুক্তি পেতে পারে না সেই আত্মাই হল ভূত, কিন্তু সে সিনেমা তে দেখানো ভয়ঙ্কর কাণ্ডকারখানা কখনই করে না। ভাল করে জানতে গরুড় পুরাণ পড়তে পারেন।

৪। আত্মা কি?

= আপনিই হলেন আসলে আত্মা, আপনি এই জাগতিক রাসায়নিক বস্তু নয়, আপনি আসলে চিন্ময় আত্মা। আমরা যেমন জামা কাপড় নষ্ট হয়ে গেলে, সেগুলি যেমন ত্যাগ করি, ঠিক তেমনই এই আত্মা, শরীরের মেয়াদ পূর্ণ হলে সেটি ছেড়ে দেয়। এই আত্মা এতই অসাধারণ যে কেউ এর বর্ণনা অবাক হয়ে শোনে, কেউ উপলব্ধি করে, আর কেউ কেউ শুনেও বুঝতে পারে না। আত্মার অস্তিত্বের সবচেয়ে বড় প্রমাণ হচ্ছে আপনার চেতনা। Modern Science এখনও চেতনার কোন বর্ণনা দিতে পারিনি, জীবন কোথা থেকে এলো সেটিও একটি বিতর্কের বিষয়। কিন্তু সূর্যের অস্তিত্বের কথা জানা যায়, সূর্যের আলো দিয়ে, তেমনই আত্মার বৈশিষ্ট্য হচ্ছে আমাদের দেহে চারদিকে প্রবাহ করা চেতনা শক্তি। এবার এই চেতনার অনেক বিভেদ রয়েছে এবং বিভেদ অনুসারে মানুষ এবং পশুদের মধ্যে পার্থক্য রয়েছে। আত্মার আরেকটি উদাহরণ হল – পুনর্জন্ম। আপনি বিশ্বাস না করলেও এর উপর বিজ্ঞানীরা গবেষণা করেছেন যেমন ড স্টিভেন্সন। এর উপর অনেক বই লেখা হয়েছে, যেগুলি আপনি পড়তে পারেন।

৫। আত্মা কি রকম দেখতে?

= সেতস্বারা উপনিষদ থেকে আমরা জানতে পারি যে, আপনার মাথার চুলের উপরিভাগের ১০০০০ ভাগের ১ ভাগ হল আত্মার আকার। যেটি

একটি চিন্ময় জ্যোতি এবং স্বয়ং ভগবানের অংশ। আত্মা অন্য শরীরে প্রবেশ করা মাত্র চেতনা প্রাপ্ত হয়।

৬। অন্ধ বিশ্বাস কি?

= আধ্যাত্মিক বিষয়ের দিক দিয়ে, অন্ধ বিশ্বাস হচ্ছে, কোন জাগতিক মানুষের কথা শুনে, শাস্ত্র অমান্য করে তাকে ভগবান বলে পূজা করা।

৭। আত্মা উপলব্ধি যদি না হয়, তাহলে কি সমস্যা হবে?

= সমস্যা কিছুই না, এই জড় জগতে বার বার জন্ম নিতে হবে এবং সুখ দুঃখের ঢেউয়ের মাঝে পরে থাকতে হবে।

৮। জীবনে দুটোই দরকার সুখও আবার দুঃখও।

= আমার মতে সেটা নয়। কেউ যদি করলার সরবত পান করে থাকে এবং তাকে আপনি আমের সরবত দেন তাহলে তিনি অবশ্যই আমের সরবত পান করতে চাইবেন। এই জড় জগতে বাস করতে করতে করলার সরবত পান করছেন তাহলে এবার আমের সরবত খাওয়ার প্রয়োজন আছে। তাই দুটোর প্রয়োজন নেই। একটার অনুভব হয়ে গেলে, আরেকটির কোন প্রয়োজন নেই।

৯। আত্ম উপলব্ধি এতো প্রয়োজন কেন?

= ৮৪,০০,০০০ জনি অতিক্রম করে একবার মানুষ রুপে আমরা জন্ম গ্রহন করি, তাই এই জন্ম হচ্ছে খুবই দুর্লভ, তাই এই জন্ম টিকে সম্মান করে ভগবানের দিকে চেতনাকে নিয়ে যাওয়াই আমাদের একমাত্র ধর্ম। তবে এটি কিন্তু আপনাকে উভয় দিকেই সাহায্য করে – জড় জগতেও, আবার চিন্ময় জগতেও। আজ আমরা দেখি যে – নানান motivational speaker আপনাকে মনের বল দেওয়ার চেষ্টা করে, কিন্তু ৫০০০ বছর আগে বলা ভাগবত গীতায়ে সমস্ত বর্ণনা আছে। সাধারন মানুষের যে জিনিস গুলি প্রয়োজন সেগুলি ভগবান আগে থেকেই দিয়ে রেখেছেন এবং মানুষ সেগুলি কে গ্রাহ্য না করে, বসে আছে।

১০। মহাভারত কি সত্যিই হয়েছিল?

= Dwarka Excavation by Dr. S.R.Rao এই বিষয় কি আপনি জানেন? সমুদ্রের ভিতরে মহাভারতে বর্ণিত দ্বারকা কে পাওয়া গেছে। মাত্র ৫০০০ বছর আগের এই মহাভারত হল আমাদের ইতিহাস। এইটিকে মিথ্যা বলে যারা উপস্থাপন করেছেন, সেইসব লোকেদের জিজ্ঞাস করতে ইচ্ছা হয় যে মুসলমান ধর্মের ইতিহাস কথায়? তারা হয়তো বলবে ১৪০০ বছর আগের। Christian ধর্ম? তারা বলবে এইতো ২০০০ বছর। বৌদ্ধ ধর্ম?

২৫০০ বছর। কিন্তু যেই আপনি তাদের ৫০০০ বছর আগের মহাভারতের কথা বলবেন, তখনই তারা হাসবেন। এমন কেন হয়?

১১। ধর্ম লড়াই লাগায়।

= আসলে না, একদমই না। যারা লড়াই, ঝামেলা বাড়ায়ে তাদের কে আমি বলি – "So called Religious Leader"। আসল ধর্ম বিশারদেরা কিন্তু মানুষদের একসাথে আনে, তাদের মধ্যে বিভেদ তৈরি করেন না। এইসব ধর্মের নেতাদের থেকে আপনি যত দূরে থাকতে পারবেন, আপনার কিন্তু তত ভাল হবে। এইরকম কিছু লোক আছে যারা লড়াই লাগানো অথবা তাদের ঠোকানোর চেষ্টা করে, তবে এইসব লোক দের অভাব তো নেই। আজ এমন একটি পেশা নেই, যেখানে দুর্নীতি নেই, এমন একটি পেশা নেই যেখানে ইন্দ্রিয় সুখে মত লোকেদের অভাব আছে। অনেক পুলিশ খারাপ, আবার অনেকে ভাল, অনেক নেতারা খারাপ আবার অনেকে ভাল, অনেক শিক্ষক খারাপ আছে আবার ভালও আছে। কিন্তু আপনি কি তাদের উপর বিশ্বাস করা ছেড়ে দেবেন? নিশ্চয়ই না! তেমনই কিছু ভণ্ড লোক আমাদের আধ্যাত্মিক জগতেও আছে কিন্তু তাবলে সম্পূর্ণ আধ্যাত্মিক জগত মিথ্যা হয়ে যায় না।

১২। ধর্মের নিয়ম কানুন পালন করতে ইচ্ছা হয় না।

= নিয়ম-কানুন ছাড়া যে মানুষ বাচতে পারে না। সামান্য আপনি যদি সারাদিনে কোন এক কাজে মন দিতে চান অথবা আপনার একই দিনে অনেক কাজ আছে, তাহলেও আপনাকে একটা সজ্জিত টাইম-টেবিল মেনে চলতে হয়। রাস্তায়ে যখন যান, তখন ট্রাফিক নিয়ম পালন করতে হয়, তাহলে বুঝতেই পারছেন যে নিয়ম ছাড়া আপনার গতি নেই। মানুষ নিয়ম-কানুন ছাড়া কিছুই নয়। According to Natural School Of Thought, " Laws are inherent by virtue of human nature." সুতরাং সমাজে হক, কি বাড়িতে হোক, নিয়ম কানুন তো মানতেই হবে।

আধ্যাত্মিক নিয়ম কানুনের শাস্ত্র দ্বারা রক্ষিত। কেউ আপনাকে বোকা বানিয়ে যা ইচ্ছা মানাতে পারে না। এবং শাস্ত্রে কিন্তু বৈজ্ঞানিক ভাবে সমস্ত কিছু উল্লেখ আছে। যেমন ধ্যান করা আমাদের শাস্ত্র থেকে বেরিয়ে সারা পৃথিবীতে ছড়িয়েছে, আবার যোগ-বিদ্যাও কিন্তু ভারত সারা পৃথিবীকে দিয়েছে। এখন সেই জিনিস গুলো বিদেশি-রা বেশি প্রয়োগ করে, আমরা নয়।

১৩। আপনি কি ভাগবত গীতা পড়েছেন?

= আমি নিজে একটি survey করেছিলাম। দুদিন ধরে এই survey তে, মোট ৩০০ জন কে আমি এই প্রশ্ন করেছিলাম। খুজে পেলাম যে মাত্র ২ জন এই

survey তে "হ্যাঁ" বলেছে এবং ২৯৮ জন "না"। পৃথিবীর ৭ নাম্বার সবচেয়ে বেশি পড়া বইটিকে ভারতবর্ষেই এমন কম লোক আছে যারা রোজ পড়ে।

১৪। সময় নেই এইসব বই পড়ার।

= এটি হচ্ছে এমন একটি জবাব যেটি আমি সব থেকে বেশি পেয়েছিলাম। সব থেকে সাধারণ উত্তর। মানুষের রাজনৈতিক বিষয় চর্চা করার সময় আছে (যার কোন ফল নেই), মানুষের সিনেমা নিয়ে কথা বলার সময় আছে, ইন্দ্রিয় তৃপ্তি করার সময় আছে, একে-অপরের পিছনে কথা বলার সময় আছে, ইত্যাদি। কিন্তু দুর্ভাগ্যবশত, তাদের ভাগবত গীতার মতো পবিত্র গ্রন্থ টি পড়তে গায়ে জর আসে। যে গ্রন্থটিকে বহু বৈজ্ঞানিকেরা, দার্শনিকেরা পড়ে তাদের জীবনে মূল্য যোগ করেছেন, যেটিকে পড়ে হাজার হাজার মানুষ, হাজার হাজার বছর ধরে নিজেদের জীবন সম্বন্ধে জেনে এসেছে, সেই বইটিকে সাধারণ মানুষ সাম্প্রদায়িক বই বলে গ্রাহ্য করে না। এমন নয় যে ভাগবত গীতা নিজের মূল্য হারিয়ে ফেলেছে, অথবা সেই গ্রন্থের মূল্য আর নেই, কারন তা হলে IIM Ahmedabad এবং নানান বিদেশি বিশ্ববিদ্যালয়তে ভাগবত গীতা একটি পাঠক্রম হত না। প্রত্যেক ২১ সেকেন্ডে একটি করে ভাগবত গীতা বিক্রি হয়ে যেত না।

আসলে ব্যাপার-টি হল যে ভাগবতম-এ কলি যুগের যে ভাবে বর্ণনা দেওয়া আছে সেটি প্রতিফলিত হচ্ছে। তবে এটা সত্যিই বলতে হবে যে, এমন অনেক মানুষ আছে যারা এই বইটিকে রোজ পড়েন এবং আত্ম উপলব্ধি করেন।

2

আধ্যাত্মিক সূচনা

১। এইটা বোঝা গেল যে আত্ম উপলব্ধি প্রয়োজন। কিন্তু কিভাবে করা যায়?

= সাধারণত এই জগতে নানান ধরনের ধর্ম পথ আছে এবং ঈশ্বর উপলব্ধি করার বিভিন্ন পথ আছে, কিন্তু এমন কিছু পথ আছে যা হল সব থেকে বিশেষ। ঈশ্বর উপলব্ধির প্রথম স্টেপ হল নিজেকে এবং আসে-পাশের সবাই কে আত্মা জ্ঞানে জানা। যতক্ষণ আপনি নিজেকে আত্মা ভাববেন না, ততক্ষন আধ্যাত্মিক চেতনার বৃদ্ধি হবে না। আত্মা নজরে সবাইকে দেখা অত সহজ কথা নয়, এর জন্য চাই দীর্ঘ দিনের আত্ম বিশ্লেষণ এবং আত্ম উপলব্ধি। কেউ যদি মনে করে থাকেন যে তিনি ১ সেকেন্ডে ভগবানের সেবক হয়ে যাবেন, অবশ্যই হতে পারবেন কিন্তু কত দিন হয়ে থাকতে পারবেন সেটাই হচ্ছে আসল প্রশ্ন। অনেকেই আধ্যাত্মিকতা পছন্দ করেন এবং এটিতে সময় নিয়গ করেন কিন্তু তেমন কোন পরিবর্তন আসে না। আসলে আমরা মানুষেরা সবেতেই নিজেদের লাভ টা আগে দেখি, সেই রকমই দু দিনে যদি আধ্যাত্মিক যোগে কিছু ফল না আসে তবে সেটা আমাদের কাছে বিরক্তিকর।

আধ্যাত্মিকতা আপনাকে কখনই অল্প সময়ের জন্য ইন্দ্রিয় তৃপ্তি দেবে না, অথবা কখনই দেবে না। কারন এটি শুরুই হয়ে সাংখ্য যোগ দ্বারা অর্থাৎ আত্মার বিবরণ দিয়ে। আত্মা কিন্তু আমাদের ৫ টি ইন্দ্রিয়ের থেকে ওপরে, আমাদের এই ইন্দ্রিয় হচ্ছে নিকৃষ্ট। আত্মা যখন দেহ ছেরে অন্য শরীরে যায় তখন আত্মার সাথে আরও কয়েকটি শক্তি প্রবাহ করে – মন, বুদ্ধি, এবং অহঙ্কার। মন কে নিয়ন্ত্রন, মনের কাজ, মনের বৈশিষ্টের বিষয় বিস্তারিত ভাবে চর্চা করা আছে ভাগবত গীতা তে। মন তখনই শুদ্ধ হয়, যখন সেটি

ভগবানের সেবায়ে যুক্ত হয়। বুদ্ধি তখনই শুদ্ধ হয় যখন সেটা ভগবানের চরনে সমর্পিত হয়, অহঙ্কার তখনই শুদ্ধ হয় যখন একজন নিজেকে ভগবানের সেবক বলে বিবেচনা করে। এই মন আমাদের কত জিনিসে দৌড় করায়, কিন্তু এর ঠিক উলটো হওয়া উচিত ছিল। শাস্ত্র মতে, আমাদের দেহ যদি একটা রথ হয়, তাহলে ইন্দ্রিয় গুলি হচ্ছে তার ঘোড়া, মন হচ্ছে সারথি, আত্মা হচ্ছে যাত্রী। এখন মন যদি সারথি হয়, তাহলে আত্মা হিসেবে আপনাদের সেই মনকে নিয়ন্ত্রন করা উচিত। আসলে যারা বলে আমি মন যা বলে তাই করি, তারা আসলে মনের চাকর। মন আপনাকে যেদিকে চায় সেদিকে নিয়ে যায়, আর আপনি বোকার মতো সেদিকে চলতে থাকেন। মনকে কন্ট্রোল যে করতে পারে সে এই বিশ্বকেও কন্ট্রোল করতে পারে। এই মনকে কন্ট্রোল করা খুব সহজ, এবং একটু পরিশ্রমের ফলে আপনিও করতে পারেন। আরেকটি বড় অসুবিধা ইন্দ্রিয়ের বন্ধন।

ইন্দ্রিয় তৃপ্তি হল এক প্রকার ঘূর্ণিঝড় যা আপনাকে এবং আপনার পরিবেশ কে ধ্বংস করে দিতে পারে। অতি ইন্দ্রিয় তৃপ্তি আপনাকে কামের দিকে ছুড়ে দিতে পারে, জাতে করে আপনি আরো কামের নেশাগ্রস্থ হয়ে যান। বলা ভাল, যে এখানে কাম মানে কিন্তু শুধুমাত্র দৈহিক যৌন ইচ্ছার কথা বলা হয়নি। কাম যেকোনো প্রকারের হতে পারে। যেমন হয়ত আপনার কাম একটি আইস্ক্রিম এর প্রতি। কাম যেকোনো প্রকারে বাড়তে থাকলে সেটি হয়ে দাড়ায়ে নেশা। সাধারণত কামকে যদি মেটানো হয় তাহলে সেটা লোভের কারন হয়ে দাড়ায়। আবার মেটাতে না পারলে তা রাগে পরিণত হয়। তাই দু দিকেই ঝামেলা। রাগ এবং লোভ উভয় একই দিকে প্রসারিত হয় – বুদ্ধি নষ্ট। বুদ্ধি নষ্ট হলে মানুষ ঠিক মতো বিবেচনা করতে পারে না, ভিতরে হয়তো ভাবে অন্য, মুখে বলে অন্য। বুদ্ধি নষ্ট হলে আমাদের জ্ঞান অন্ধকারে নিমজ্জিত হয়। বুদ্ধি, বিবেক হীন মানুষ পশুর সমান হয়ে যায়। জ্ঞান হারিয়ে গেলে মানুষ বুঝতে পারে না কোনটি ঠিক কোনটি ভুল।

ইন্দ্রিয় নিয়ন্ত্রিত করতে না পারলে, এই সমস্ত কিছু আপানার সাথে হবে। অথবা আপনি হয়তো জানলেন যে, আপনার সাথে এগুলি হয়েছে। কিন্তু আপনারা কি ধরতে পারলেন যে সঠিক ভাবে ইন্দ্রিয় নিয়ন্ত্রন কিভাবে সম্ভব হবে? ইন্দ্রিয় কে কন্ট্রোল করার প্রথম পদক্ষেপ কি? একদমই সোজা উত্তর – কাম। ভগবান শ্রী কৃষ্ণ ভাগবত গীতা তে বলেছেন যে, আমাদের প্রধান শত্রু হচ্ছে আমাদের কাম। এবং ইন্দ্রিয়দের নিয়ন্ত্রন করার প্রথম পদক্ষেপ কাম কোথায় লুকিয়ে আছে সেটি দেখা, আপনাকে বিবেচনা করে বুঝতে হবে যে

আপনার কাম কোনখানে লুকিয়ে আছে, যদি আরো ভাল করে বলি, আপনার কাম আপনার কোন ইন্দ্রিয় তে লুকিয়ে আছে?

আপনি কি কিছু (জাগতিক জিনিস) দেখার জন্য পাগল হয়ে যান? যদি হ্যাঁ, তাহলে আপনার চোখে লোভ এবং কাম আছে। আপনার কি কোন কিছু খাবারের প্রতি লোভ আছে? যদি হ্যাঁ, তাহলে আপনার জিভে লোভ এবং কাম আছে। ইত্যাদি। এইভাবে আপনাকে বুঝতে হবে যে, কাম কোথায় কোথায় লুকিয়ে আছে? একবার কামের ঠিকানা জেনে গেল, ব্যাস! কাজ শেষ। এবার ওকে গুলি করে দিতে হবে। কামকে জয় করে নিতে পারলে, আপনার জীবন আরো সুন্দর হয়ে উঠবে। কারণ একবার যদি কাম চলে যায়, তাহলে নিজে থেকেই, রাগ, দ্বেষ, বুদ্ধি নষ্ট, জ্ঞান হরণ এর মতো সমস্যা নিজে থেকেই চলে যাবে। আধ্যাত্মিক সূচনা হয়ে যাবে।

3

৫০০০ বছর আগের জ্ঞান

কামকে জয় করা অথবা ইন্দ্রিয়দের কন্ট্রোল করা সহজ নয়। ভাগবত গীতা থেকে আমরা সাধারণত জানতে পারি যে কামকে জয় করতে পারলে আমাদের নানান অসুবিধার সমাধান হবে। কামকে জয় করার প্রথম পদক্ষেপ হল অভ্যাস বদলানো। আপনি নিজেকে জিজ্ঞাস করুন যে আপনি কি কি ভুল করছেন? নেশা করা, মাছমাংস খাওয়া ইত্যাদি সেই ভুলের মধ্যে পরে। এইসব বিষয় আমরা পরে আলোচনা করব। এইবার আসি, এই বইয়ের মূল বিষয় যা হল – সতগুন , রজগুন , তমগুন ।

প্রকৃতির তিন গুন

সনাতন ধর্মের ৫০০০ বছরেরও বেশি পুরাতন শাস্ত্রে বর্ণিত প্রকৃতির তিন গুন সম্পর্কে অবশ্যই প্রত্যেক মানুষের জানা দরকার। প্রধানত এই জাগতিক সংসারে আমরা যা কাজ করি তা প্রায় সবই এই তিন গুনের দ্বারা আচ্ছন্ন হয়ে। খুবই সহজে আপনি ভাগবত গীতা থেকে এই বিষয় বিস্তারিত ভাবে জানতে পারেন তবে এইখানে সংক্ষেপে দেওয়া হল –

এই প্রকৃতিতে অবস্থিত তিনটি গুন আমাদের নিয়ন্ত্রন করে। এই তিনটি গুন অতিক্রম করতে পারলে একটি মানুষের আধ্যাত্মিক চেতনার উন্নতি ঘটে। প্রত্যেক মানুষের মধ্যে এই তিনটি গুন আছে, কারুর মধ্যে সতগুন বেশি, কারুর মধ্যে রজগুন, আবার কারুর মধ্যে তমগুন বেশি । কিন্তু এই গুন গুলি কি? এদের কাজ কি?

সত্বগুন, রজোগুণ, তমোগুণ – এই তিনটি ভগবানের এক প্রকার শক্তি। এই শক্তি গুলি চিন্ময় আত্মা কে দূষিত করে এবং নিয়ন্ত্রন করে। চিন্ময় আত্মা যখন একাকী ভাবে এই জাগতিক সংসারে ভোগের জন্য প্ররোচিত হয়, তখন এই তিনটি গুনের সংস্পর্শে আসে এবং নিয়ন্ত্রিত হয়ে চলতে থাকে। এই সমস্ত শক্তির উৎস, স্বয়ং পরমেশ্বর শ্রী ভগবান। ভগবানের মায়া শক্তির অন্তর্গত এই শক্তি আমাদের সর্ব রূপে নিয়ন্ত্রন করে। এবার এক এক করে সমস্ত গুনের কথা বলা যাক –

তমোগুণ

এই গুন হল জ্ঞানহীন। অন্ধকারে নিম্মজিত, মানুষ জীবন পেয়েও পশুদের মতো জীবন কাটানো। তমোগুণ চেতনায় বেশি পরিমাণে থাকলে, মানুষ অলস, রাগী, বিবেক হীন হয়ে পরে। তিনটি গুনের মধ্যে সবথেকে নিকৃষ্ট গুনটি হল তমোগুণ। এই গুনে থাকে প্রচুর পারিমানে ইন্দ্রিয় তৃপ্তি করার ইচ্ছা এবং আধ্যাত্মিক জ্ঞানের সঙ্গে সাত সমুদ্রের দূরত্ব। জীব এই গুনে পরে থাকলে, নানান অসুবিধার সম্মুখীন হয়। একটি জীবের জীবন সাধারণত অন্ধকারময় হয়। নানান জাগতিক – ইন্দ্রিয় ভোগী লোকেদের কাছে এটি সাধারণ মনে হলেও, এটি নয়। তমোগুণের একটি বড় অংশ হচ্ছে রাগ। তমগুনে থাকা জীব হৃদয় থেকে নিজে কোন সিদ্ধান্ত নিতে অসফল হয়। নেশা গ্রস্ত, অন্ধকারে নিম্মজিত, অলস, জ্ঞানহীন ইত্যাদি ভাবে জীবন যাপন হয়। তমগুনে থাকা জীবেদের দেখে মহান মুনি, ঋষি ও আচার্যদের করুনা হয়। কারণ তাঁরা এই মানুষ জন্মের মাহাও জানেন, উলটোদিকে এই মায়ায় জর্জরিত মানুষের অবস্থা তাঁদের সহ্য হয় না। একজন আদর্শ গুরু অথবা আচার্য তখনই হতে পারেন যখন তিনি এই সমস্ত বিশ্বের সুচিন্তক হতে পারেন। একজন আদর্শ গুরু সেই যে প্রত্যেকটি জীবের মধ্যে ভগবানকে দর্শন করেন। তার কাছে কেউ বেশি ভাল অথবা খারাপ নন। তমগুনে থাকা জীবের কাছে আধ্যাত্মিক কথা বললে, তারা ব্যাঙ্গ করে হাসে। তারা সত্যিই অবুঝ যে তারা জীবনের আসল লক্ষ্য বুঝতে পারেন না।

রজোগুণ

রজোগুণে থাকা জীবেরা অতি উৎসাহ তে থাকে। এর অপর নাম – The Mode of Passion। এই গুনে স্তিত জীব, নিজের লাভের কথা চিন্তা করে, সর্ব সময়। আপনাদের এক গল্প বলি – মন্দিরে মানুষ কেন যায়? ভগবানের দর্শনের জন্য, বৈদিক শাস্ত্র সম্বন্ধে জানার জন্য, সেবা করার উদ্দেশ্য নিয়ে। সুতরাং, একবার এক মন্দিরে রাধাষ্টমী-র বিশাল বড়

আয়জন করা হয়। সমস্ত কাজে সবাই লেগে যায়। এমন সময় পূজারী লক্ষ্য করেন যে ভগবানের প্রসাদের জন্য আলু কাটা হয়নি। তাই তিনি সবাই কে জিজ্ঞাস করতে থাকলেন যে কেউ যদি সেবা করতে পারে। তখন তিনি এক মহিলাকে সেবার জন্য জিজ্ঞাস করলে, তিনি জবাব দেন যে, তিনি প্রত্যেক মাসে ২৫০০০ টাকা করে এই মন্দিরে দান করেন তাই পূজারীর তাকে জিজ্ঞাস করার আগে ভাবা উচিত ছিল। এই গল্পটি ছিল রজোগুণের একটি উদাহরণ। রজোগুণে থাকা জীব শুধু নিজের লাভের কথা ভাবে, এই চেতনায় স্তিত হলে মন বিচলিত হয়, সাধারণ ভাবে বলা যায় এই জীবেরা হয় Overthinker। রজোগুণের ব্যাক্তিদের জীবনে লক্ষ্য স্থির হয় না, কারণ তাদের মন স্থির হতে পারে না এবং তাদের বুদ্ধি বহু দিকে ছরিয়ে থাকে।

সত্বগুন

তিনটি গুনের মধ্যে ভাল এবং আধ্যাত্মিক চেতনার জন্য উপযোগী হল এই গুন। সাধারণত এই গুনে থাকা ব্যাক্তিরা পর্যাপ্ত জ্ঞান পূর্ণ হন। এই চেতনায় মানুষ জ্ঞান পূর্ণ হওয়ার সাথে সাথে ভৌতিক জ্ঞান দ্বারা বদ্ধ হয়ে যায়। ফলে তারা অনেক সময় আধ্যাত্মিক জ্ঞান আপন করে নিতে পারেন না। তবে বাকি দুই গুনের থেকে শুদ্ধ গুনে অবস্থান করার ফলে এই ব্যাক্তিদের জীবন সুখময় যায়। এই গুনে থাকা ব্যাক্তিদের চেতনা শরীরের ৯ টি দরজা সত্বগুনে ভরে যায়। **There are nine gates in the body: two eyes, two ears, two nostrils, the mouth, the genitals and the anus।** এই সমস্ত স্থানে যখন সত্বগুন বিরাজ করে তখন একজন পূর্ণ রুপে সত্বগুনে পরিণত হয়।

এখানে দেওয়া বর্ণনা কিছুই না। আমার অনুরোধ আপনাদের যে আপনারা নিশ্চয়ই ভাগবত গীতার ১৪ নম্বর অধ্যায় পাঠ করবেন। তাহলে এই তিনটি গুনের কথা আপনারা ভাল ভাবে জানতে পারবেন। এখানে স্বভাব অনুসারে বর্ণনা করা হল, কিন্তু ভাগবত গীতা পরলে আপনি এই তিন গুনের সম্পরকে বিশদ ভাবে জানতে পারবেন। ভগবান শ্রী কৃষ্ণ বলেছেন যে এই তিন গুন একটি জীবের মধ্যে কম-বেশি করে থাকে। কারুর মধ্যে সত্বগুন বেশি, কারুর মধ্যে রজোগুণ। আবার অবস্থা অনুযায়ী একই ব্যাক্তির মধ্যে সত-রজ-তম গুনের তারতম্য দেখা যায়। কোন এক সময় একটি মানুষের ওপর এক একটি গুনের প্রাধান্য লক্ষ্য করা জেতে পারে। তাহলে আমাদের সব দোষ এবং কাজ এই গুন দ্বারা নিয়ন্ত্রন হয়? আমরা কিছুই করি না? আসলে সত্য তা সেটা নয়। আমাদের প্রত্যেকটি কাজ তিনটি গুন দ্বারা নিয়ন্ত্রিত এবং

দূষিত কিন্তু তা বলে এই নয় যে আমরা কিছু দোষ করি না। আসলে আমরা কোন গুনে কাজ করব সেটা আমরাই ঠিক করি। যেমন – খালি সময় যদি কেউ ভাগবত গীতা পড়ে তাহলে সে সতগুনে, আবার কেউ যদি সিনেমা দেখে তাহলে সে আছে রজোগুণে। এইভাবেই সাধারণত তারতম্য হয়। তবে ভিতরের ইচ্ছা দূষিত হয় তিন গুন দ্বারা। কিন্তু যখন কেউ আধ্যাত্মিক চেতনার কাছাকাছি আসে, তখন তিনি এই তিন গুন থেকে মুক্ত পাওয়ার শেষ পদক্ষেপে থাকে। আধ্যাত্মিক চেতনায় পৌঁছে গেলে আত্মা তিন গুন থেকে মুক্তি লাভ করে।

4

ভগবান পরিচয়

ভগবান কি সত্যিই আছেন? কোথায় আছেন? কি তাঁর স্বরূপ?

ছোটবেলা থেকেই এই প্রশ্ন টা একবার তো সবার মনে আসেই। তারপর তারা আশেপাশে থাকা বড় ব্যাক্তিদের থেকে জানতে চায়। বড়দের কথা মেনে সে চুপ হয়ে যায় এবং মেনে নেয়। নয়ত সে জানতে পারে যে ভগবান বলে কিছু হয় না নয়ত সে জানতে পারে অন্য যেকোনো কথা। কলিযুগে বৈদিক শিক্ষার পদ্ধতি আর নেই, ফলে এই সমস্ত প্রশ্নের উত্তর হয়ে যায় কঠিন। যে যার নিজের ইচ্ছা মতো "বেদে লেখা আছে" বলে নিজের ব্যাবসা চালিয়ে নিয়ে এগোচ্ছে। ভগবান সত্যিই আছেন। এখানে বিশ্বাস, অবিশ্বাস এর কিছুই নেই। কারণ সত্য পালটে যাবে না। পৃথিবীতে যা হয় তার কোন না কোন কারণ থাকে, তবে বহু বিজ্ঞানীর মতে বিগ ব্যাং হওয়ার ফলে পুরো মহাবিশ্ব সৃষ্টি হয়েছে, তাও আবার নিজে নিজেই। মহাবিশ্ব কে ভাল করে লক্ষ্য করলে বঝা যাবে যে সেখানেও সব কিছু একটি নিয়ম মেনে চলছে অর্থাৎ Universal Laws। এইরকম নিয়ম মেনে চলা সত্ত্বেও কেউ যদি বলে এই নিয়মের কোন নির্মাতা নেই, তাহলে আর কিছু বলার নেই। Whenever there is creation, there is creator। অর্থাৎ, সৃষ্টি থাকলে, সৃষ্টিকর্তাও আছে। কিন্তু ভগবান তো আছেন তবে তাঁকে জানার উপায় কি? উত্তর হচ্ছে – শাস্ত্র পাঠ এবং শ্রবণ। তবে ভগবান নিজে ভাগবত গীতাতে বলেছেন যে তাঁকে শুধু ভক্তি-ভালবাসা দ্বারা বঝা যায়, এমনকি শাস্ত্র পাঠ করেও নয়। তাহলে শাস্ত্র পড়ে কোন লাভ নেই? উত্তর সহজ – একদমই নয়। ভগবান শ্রী কৃষ্ণ ভাগবত গীতায় আরও বলেছেন যে এক প্রামানিক গুরুর সংস্পর্শে এসে

তাঁর থেকে শিক্ষা নিতে । তাই আমাদের মনে রাখতে হবে যে দুটিই অত্যন্ত প্রয়োজনীয়। শাস্ত্র পাঠ করে ভক্তি যোগ সম্পর্কে জানা যায়, এবং ভক্তি যোগ দ্বারা ভগবান কে পাওয়া যায়।

কিছু মানুষ আছে যারা এতে সন্তুষ্ট হন না। তারা বলেন যে, ভক্তি যোগ কিছুই না, আসল হছে জ্ঞান যোগ, অথবা কেউ বলে কর্ম যোগ। বিশ্বে এই দ্বন্দ্ব লেগেই থাকবে। কিন্তু কেউ এটি বুঝতে পারেন না যে কর্ম যোগ পালম করলে জ্ঞান বৃদ্ধি পায়, জ্ঞান যখন বৃদ্ধি পায়, তখন যোগী নিজে থেকেই পরমেশ্বর ভগবান শ্রী কৃষ্ণের ভক্তিতে যুক্ত হন। তাই এখানে কোন বিভেদ নেই। বিভেদ যদি থাকে, তাহলে টা মানুষের তৈরি। প্রত্যেক মানুষ বিভিন্ন প্রকারের, তাদের ভাবনা চিন্তা আলাদা, তাদের প্রকৃতি আলাদা। ফলে ভগবান বিশ্বের নানান জায়গায় নানান ভাবে পূজ্য হন। তাঁর ওপর লেখা নানান দর্শন শাস্ত্র, পৌরাণিক শাস্ত্র আছে। যেমন নানান লোকের মধ্যে ভাষার তফাৎ আছে ঠিক তেমনই নানান শাস্ত্রে ভগবানের নানান ভাবে বর্ণনা করা হয়েছে, তবে সে সব একই। সূর্য কে পৃথিবী থেকে লোকে নানান নামে ডাকতে পারে, তাবলে সূর্যের কোন বিভেদ সৃষ্টি হয় না। আবার সূর্য কোন এক নির্দিষ্ট প্রদেশের হয়ে যায় না – যেমন – পাকিস্তানের সূর্য, ভারতের সূর্য। সূর্য ভোরবেলা সবাইকে একই কিরণ দেয়। হয়তো ১২ ঘন্টা এদিক-ওদিক হয়, তবে কিরণ একই থাকে। ভগবান ঠিক সেই রকম, তাই তাঁর নাম জগন্নাথ। বৈদিক সংস্কৃতি যেহেতু সব থেকে পুরাতন এবং আধ্যাত্মিক দিক থেকে সব থেকে বেশি উন্নত তাই আধ্যাত্মিক চেতনা বৃদ্ধির জন্য সব থেকে উপযোগী হল আমাদের সনাতন ধর্ম। আবার বলে রাখা ভাল যে এটি কোন নির্দিষ্ট প্রদেশের ধর্ম নয়, এটি সারা বিশ্বের। বৈদিক শাস্ত্রের মধ্যে উল্লেখযোগ্য হল ভাগবত গীতা, রামায়ান, মহাভারত ইত্যাদি, এবং এইগুলি হয়তো আপনি জানেন। কিন্তু আপনি কি জানেন আমাদের সংস্কৃতি তে ৪ টি বেদ, ২০০+ উপানিষদ, ১৮ টি পুরাণ, ১৮ টি উপপুরাণ, আছে এছাড়া উপরের গুলি আরও। একটি স্বল্প জীবনে সমস্ত পড়া অত্যন্ত কঠিন, তাই ভাগবত গীতা (যেটি সমস্ত শাস্ত্রের সার) হল উল্লেখযোগ্য। ৫০০০ বছর আগে স্বয়ং ভগবানের থেকে প্রাপ্ত এই জ্ঞান এখনও বহু মানুষকে পথ দেখিয়ে আসছে। তাই ভগবানের সাথে পরিচয় পাওয়ার জন্য আমাদের নিশ্চয়ই ভাগবত গীতা পড়া উচিত এবং সেই নির্দেশ মেনে চলা উচিত।

৫
বিবেক বিবেচনা

কৃষ্ণ ভাবনাময় অথবা আধ্যাত্মিক চেতনা বৃদ্ধি করতে আর কিছু ধ্যান রাখতে হয়?

সমস্ত কিছু মেনে চললেও মাঝে মাঝে আমাদের দ্বারা ভুল হয়ই। ভুলের মুখ্য কারণ হল আমাদের কৃষ্ণ ভাবনাময় হয়ে না থাকা। আসলে মন এবং ইন্দ্রিয় আমাদের খুব শক্তিশালী তাই যখন আমরা সেটিকে নিয়ন্ত্রন করার চেষ্টা করি তখন শুরুর দিকে আমাদের কাছে তা খুব কঠিন হয়। কিন্তু আমরা যদি অভ্যাস করতে থাকি তাহলে অবশ্যই সফল হব। আমাদের এই জড় বুদ্ধিতে বিবেচনা করতে গিয়ে আমরা আরও একটি ভুল করে থাকি। প্রথমটি হচ্ছে – নিজেদের দোষ কে দোষ বলে মনে না করা। আমার সাথে এইরকম অনেকবার হয়েছে। আমি একটি বিষয়ে আমার দোষ থাকা সত্ত্বেও নিজের দোষ স্বীকার করতাম না। আমার মনে হত যে, "না, আমি এই বিষয় কিছু দোষ করিনি, যা করেছে তা সব অপর জন করেছে"।

কিন্তু ঠিক-ভুল বিচার করা তো প্রয়োজনীয়?

অবশ্যই, ঠিক ভুল বিচার করাই তো আধ্যাত্মিক চেতনার প্রথম পদক্ষেপ। জড় জাগতিক মানুষ কি করছে, অথবা আধ্যাত্মিক চেতনা যুক্ত ব্যাক্তি কি করছে, এই দুই কাজের মধ্যে যে বিভেদ করতে পারবে, সে প্রথম পদক্ষেপে এসে পৌঁছেছে। ঠিক ভুল বিচার করার জন্য আপনাকে কোন মহান আচার্য হতে হয় না। যিনি নিজের জীবনের আসল লক্ষ্যের কথা বুঝতে পেরে কাজ করবে, তিনি অবশ্যই ঠিক ভুল বিচার করতে পারেন, এছাড়াও তার উচিত যেন তিনি সবাই কে সেই ব্যাপারে বলেন। কারণ যে মদ পান

করে সে বুক ফুলিয়ে করে। তাহলে আপনি ভাল পথে থেকে ভাল টা গর্ভের সাথে বলবেন না কেন। আসলে ভুলটি কোথায় হয় জানেন? যখন সেই ভুল বঝাতে গিয়ে আমি aggressive হয়ে যান। আমি নিজে অনেক সময় এরকম করেছি। কিন্তু পড়ে বুঝতে পেরেছি যে, আমি যদি কাউকে ভাল কিছু বলতে গিয়ে নিজেই বুদ্ধি জ্ঞান হীন হয়ে পরি, তাহলে লাভটাই বা কি হল।

কেউ যদি জেদ ধরে বসে থাকে এবং বুঝতে চায় না তাহলে কি করা উচিত?

সোজা উত্তর – ভগবানের কাছে প্রার্থনা করুন যাতে সত্যি তার সম্মুখে আসে। এর থেকে বেশি আর কি বা করবেন। আর যে বুঝতে চাইছে না তাকে জোর করে বুঝিয়ে কি লাভ? জোর করে যেমন ভালবাসা হয় না, তেমনই জোর করে কাউকে কিছু বুঝিয়ে কোন লাভ নেই, কারণ ভক্তি অথবা সেবা তো এক প্রকারের ভালবাসাই।

নিজের দোষ কিভাবে বুঝব?

খুবই সহজ, যদি আপনার কোন কথায় অথবা আচরণে যদি কারুর কষ্ট হয়ে থাকে তাহলে জানবেন অবশ্যই আপনার কিছু ভুল আছে। কিন্তু মনে রাখবেন এখন এই কলিযুগে কুমিরের চোখের জল অনেকেই নিয়ে আস্তে পারে, আবার তারা আপনারই সাথে ষড়যন্ত্র করে, আপনাকে মাটিতে ফেলে দিতে পারে। তাই লোকের সাথে বুঝে মেশা উচিত। কে কখন আপনার সাথে বিশ্বাস ঘাতকতা করে দেবে আপনিও জানতে পারবেন না। ভাল এইটাই হবে যে আপনি সবাই কে আত্মার নজরে দেখুন, আপনাকে কেউ কিছু বললে, সেই সব ভুলে যান, নিজের ওপর পাথর রেখে লাভ নেই। এই জাগতিক সংসারে কারুর ওপর রাগ, দুঃখ করে নিজের সময় নষ্ট করবেন না। তারপর দেখবেন, আপনি দুঃখ করছেন, অন্যদিকে অপর জন হাসছে। শ্রীল প্রভুপাদ একবার বলেছিলেন, যে এই জগতে কেউ বকবে, কেউ আদর করবে, সেই সব ভেবে যদি কেউ বসে বসে কাঁদে তাহলে তার থেকে বড় বোকা আর কেউ নয়। যেমন ক্ষণিক সময়ের জন্য শীতকাল আসে এবং চলে গিয়ে গ্রীষ্মকাল আসে, দিয়ে আবার কোন একসময় শীতকাল আসে, ঠিক তেমনই দুঃখ ও সুখ জীবনে একবার আসে, একবার যায়। আবার আমোঘ লীলা প্রভুজী একবার বলেছিলেন, যে অন্য কারুর অপর রাগ করা মানে, নিজের হাত দিয়ে গরম কয়লা তুলে তার দিকে ছুড়ে দেওয়া। এতে অপর জনেরও লাগে, নিজেরও লাগে।

মায়াতে বদ্ধ আমরা জীবেরা, মায়া অতিক্রম করতেই পারি না, ফলে নিজের দোষ বোঝাতো দূরের কথা। মায়া বদ্ধ জীব যতক্ষণ রজ, তম আর সত গুন দ্বারা বদ্ধ হয়ে থাকবে, ততক্ষণ তার মুক্তি পাওয়ার কোন উপায় নেই।

দিনে একবার হলেও, দশ মিনিটের জন্য একটু চুপ করে বসুন এবং ভাবার চেষ্টা করুন যে আপনার ভুল গুলি কি? অথবা সারাদিনে আপনি কি কি ভুল করলেন? সব থেকে ভাল হবে যদি আপনি শাস্ত্র পড়েন, কারণ শাস্ত্র থেকে আমরা জানতে পারি যে আমরা কিভাবে জীবনে ভুল পথে চলছি।

6
শেষ উত্তর

বৈদিক সংস্কৃতি নষ্ট হয়েছে। ইংরেজ আসার পর থেকে আমাদের বৈদিক সমাজ তছনছ হয়েছে। ভারতবর্ষের মূল সম্পদ হচ্ছে এই ভূমির বৈদিক শাস্ত্র এবং সংস্কৃতি গুলি, যা ষড়যন্ত্র করে নষ্ট করা হয়েছে। এখনও কিছু ঐতিহাসিক আছেন যারা ইংরেজদের ভাল বলেন এবং আমাদের মহান আচার্যদের গুরুত্ব দেন না। আমাদের শাস্ত্রদের ইতিহাস শাশ্বত। লিখিত ভাবে জানতে গেলেও, ৫০০০ বছরের বেশি আপনাকে অতীতে যেতে হবে; যখন মহাত্মা বেদব্যাস সমস্ত শাস্ত্র গুলি রচনা করেছিলেন। এই ঐতিহাসিক প্রমাণ পাওয়া যায় শ্রীমদ ভাগবতম থেকে। কিন্তু এখন এই ভারতবর্ষের অধিবাসীরা নিজেদের শাস্ত্র থেকে দূরে গিয়ে ইন্দ্রিয় তৃপ্তি করতে ছুটছে। অন্যদিকে আমরা দেখতে পাই যে বিদেশীরা আমাদের শাস্ত্র দ্বারা মুগ্ধ হয়ে সেটি বোঝার জন্য কোন এক হিমালয়ের প্রান্তরে ঘুরে বেরাচ্ছে। নিজেদের সম্পদ ছেড়ে, এই ভূমি তে এসে গো-সেবা করছে। আমাদের পড়াশুনা ব্যাবস্থা এইরকমই যে আমাদের ছোট থেকে শেখানো হয় যে এই মহাভারত, রামায়ান সব মিথ্যা এবং কাল্পনিক। আমাদের হিউ এন সাং এর সম্বন্ধে পড়ানো হয় কিন্তু এটি বলা হয় না যে তিনি নিজের বইতে ভগবান শ্রী কৃষ্ণের নাম উল্লেখ করে বলেছিলেন যে - শ্রীকৃষ্ণের পর ১২৮ টি রাজার আয়ু শেষ হওয়ার পর, চন্দ্রগুপ্ত রাজাসনে আসীন হয়েছিলেন। কিন্তু ভগবানের দৃঢ় ভক্তরা ভগবানের ইচ্ছাও পুরন করছেন। শ্রী চৈতন্য মহাপ্রভু বলে গিয়েছিলেন, যে একদিন এই পৃথিবীর সমস্ত গলিতে একদিন মহামন্ত্রের কীর্তন হবে। আজ আস্তে আস্তে সেটি পূর্ণ হচ্ছে। ১৫০টিরও বেশি দেশে আজ শ্রী শ্রী রাধা মাধাবের

বিগ্রহ স্থাপিত হয়েছে এবং নাম কীর্তন চলছে।

এমন কিছু ভণ্ড তপস্বীও আছে, যারা আধ্যাত্মিকতার নামে লোকেদের ঠকায়। ফলে পুরো আধ্যাত্মিক বিষয়টা বদনামে জরিয়ে যায়। সবথেকে বড় আধ্যাত্মিক বিসয়ের পতনের কারণ হল বাবা-মা, যারা একটি শিশুকে প্রাথমিক শিক্ষা দান করে থাকেন, তাদের আধ্যাত্মিক বিষয় অজ্ঞানতার জন্য সমাজ পিছিয়ে যাচ্ছে। আগে এই ভারতবর্ষের এই ভূমিতে রোজ রামায়ন পাঠ হত। আর এখন রামায়ন পাঠ কম হয়। কিন্তু রামায়ন সম্পর্কে নানান কথা চলতে থাকে – রামায়ন সত্যি না মিথ্যে? কে বেশি ভাল, রাম না রাবন? রাবন একজন মহান ব্রাহ্মন ছিল কিন্তু রাম unattractive ছিল, রামায়ন সিরিয়াল টা খুব ভাল হচ্ছে, রামায়ন সিরিয়াল থেকে অনেক কিছু জানা যায়।

মানুষ এতেই খুশি যে তারা দু মিনিট টিকে থাকা জ্ঞান পাচ্ছে রামায়ন সিরিয়াল দেখে। আসল রামায়ন পড়ে যা জ্ঞান লাভ করা যায়, তার কিন্তু ১ শতাংশও এই সিরিয়াল থেকে পাওয়া যায় না। তবুও লোকে এই সিরিয়াল নিয়ে পাগল। বিশেষ করে শেষ ১০ বছরে যে সব রামায়ন, মহাভারত সিরিয়াল বেরিয়েছে, সেইগুলি সমাজের ওপর খারাপ ভাবেই প্রভাব ফেলে। রামায়ন, মহাভারত নাম উল্লেখ করে যা লেখা নেই, তা দেখিয়ে দাও। কিন্তু এই বিষয়ে মানুষের জানার আগ্রহ আছে। কিন্তু তাদের উত্তর দেওয়ার পথগুলি এখনও সিমিত।

আবার অনেক মানুষ আছে যারা কিছু না জেনে শুনে অপমান করা শুরু করে দেয়। সামান্য আধুনিক বিজ্ঞান যদি মাথায় বাসা বাঁধে, ব্যাস; সেই ব্যক্তি প্রভুর আধ্যাত্মিকতা কে মিথ্যা বলে দেয়। Louis Pasteur once said, "Little science takes you away from God, but more of it takes you to Him." অর্থাৎ লুই পাস্তুর একবার বলেছিলেন, "সামান্য বিজ্ঞান আপনাকে ঈশ্বরের কাছ থেকে দূরে নিয়ে যায়, কিন্তু তা বেশি হলে আপনাকে তাঁর কাছে নিয়ে যায়। প্রথমত, বিজ্ঞানের নজরে আধ্যাত্মিকতা কে দেখাই উচিত নয়। কারণ বিজ্ঞান হল সিমিত ৫ টি জড় ইন্দ্রিয় দ্বারা, কিন্তু আধ্যাত্মিক জ্ঞান শুরুই হয় Mind, Intelligence, Consciousness, Soul etc. থেকে, যা ভৌতিক বিজ্ঞানের হাতের বাইরে। দ্বিতীয়ত, এরকম অনেক বিজ্ঞানীরা আছেন যারা তাদের পেশার পাশাপাশি আধ্যাত্মিকতার সাথে যুক্ত। তাই নিজের অহঙ্কার কে সন্তুষ্ট করার জন্য ঝগ্রা করে লাভ নেই।

পৃথিবীতে নানান লোকের নানান মত, কিন্তু কারুর মতের জন্য সত্য পালটে যায় না। আমাদের কল্যাণের জন্য চির মুক্ত আত্মা বেদব্যাস নানান শাস্ত্র লিখে দিয়েছেন। সেগুলি পড়া আমাদের কর্তব্য। যেমনটি আগে বলা হয়েছে, রজোগুণে থাকা ব্যক্তি নিজের লাভের কথা ভাবেন, সতগুণে থাকা ব্যাক্তিরা জড় জ্ঞানের বশীভূত হয়ে থেকে যান। কিন্তু মহাত্মা বেদব্যাস ছিলেন ভগবানের শুদ্ধ ভক্ত তাই তাঁর লেখায় কোন সন্দেহ নেই।

আমরা ভূগোলে পড়েছি, আগে পৃথিবীর মানুষেরা ভাবত পৃথিবীর আকৃতি চ্যাপ্টা। কোন দেশে ভাবত জানি না, কারণ ভারতবর্ষে সবাই আগে শাস্ত্র পড়ত এবং সবাই জানত যে এই পৃথিবী হল গোলাকৃতি। আমাদের বেদ শাস্ত্রে অনেক ভৌতিক বিজ্ঞান সম্পর্কেও লেখা আছে। কিন্তু এক জীবনে এতগুলি শাস্ত্র পড়া দুষ্কর। তাই সবাইকে বলা হয় যে তারা যেন ভাগবত গীতা পড়েন কারণ সেটি হল সমস্ত শাস্ত্রের সার এবং আত্ম উপলব্ধির আদর্শ বই।

হরে কৃষ্ণ হরে কৃষ্ণ কৃষ্ণ কৃষ্ণ হরে হরে
হরে রাম হরে রাম রাম রাম হরে হরে ।।